AF267933

NOTICE

SUR

LES FAILLITES

ADRESSÉE

A L'ASSEMBLÉE NATIONALE

le 16 juin 1848

PARIS

DE L'IMPRIMERIE DE J. FREY, RUE CROIX-DES-PETITS-CHAMPS, 33

1848

AU CITOYEN SÉNARD

PRÉSIDENT DE L'ASSEMBLÉE NATIONALE

Une circonstance essentielle à la justice que l'on doit aux autres, c'est de la faire promptement et sans différer : la faire attendre, c'est injustice.

LABRUYÈRE.

CITOYEN PRÉSIDENT,

Il existe en France un sentiment répulsif contre quiconque a été en état de faillite : ce sentiment prend sa source dans ce vieux et caractéristique germe d'honneur transmis par nos pères.

Toutefois il faut reconnaître qu'une ligne de démarcation vient d'être établie par le Gouvernement provisoire, en accordant aux faillis concordataires la jouissance de leurs droits civiques. Cette mesure, essentiellement morale, aura complétement atteint son but lorsque la législation fera la distinction parfaite de ceux qui seront aptes à y avoir droit.

C'est donc pour qu'à l'avenir le malheureux honnête ne puisse être confondu avec le fripon, qu'une nouvelle adjonction législative doit aider à les discerner l'un de l'autre.

Tel est le but de ma demande.

Mais avant d'en formuler la proposition, je vais signaler une faible partie des vices de la pratique qui régit les faillites.

Établissons d'abord une erreur répandue parmi les gens du monde : Pour faire fortune, dit-on, il faut faire faillite. On vous cite M. M..., qui n'en a fait que trois, attendu qu'il s'est trouvé assez riche pour se dispenser de la quatrième. Cela est vrai, exceptionnellement vrai. Mais jetons un coup d'œil autour de nous : voyonsnous beaucoup de négociants très probes, très honnêtes, avoir succombé et revenir sur l'eau. Hélas ! oublions-nous que les amis les plus chers, les plus intimes renient leur passé, évitent son contact. Le mérite de quiconque est resté en chemin, n'est plus contesté, car il n'est plus mis en question.

Je dis donc que l'honnête homme se relègue où il peut,

qu'il vit de souffrances et de privations. Hâtons-nous d'ajouter que c'est à cette impossibilité de ressaisir une position qu'il faut attribuer le résultat que voici.

Le négociant engagé dans une mauvaise voie aperçoit à chaque inventaire son capital décroître ; il s'engage chaque jour plus avant sur le fatal chemin des négociations. Les moyens de complaisance réciproque sont d'abord timidement employés. Bientôt ils passent à l'état obligatoire. Alors il ne s'arrête plus ; le gouffre est là : il ne s'agit que de prolonger l'agonie. Dans cet état viennent s'abattre sur lui une immense cohue de mauvais débiteurs, oiseaux de proie avides et rapaces, qui devinent avec une sagacité de bête fauve que là se trouve une maison gênée, et qu'il faut sucer dans ses veines le peu de sang qui lui reste.

Je dois signaler encore cette monstrueuse prérogative du propriétaire qui, au moyen d'un acte notarié, lui assure, pour toute la durée du bail, fût-il de trente ans, un privilége exclusif. Cette énormité engendre dans toutes les faillites des obstacles souvent insurmontables. Je vais citer un seul exemple. L'un des plus riches propriétaires de l'un de nos passages parisiens, homme impitoyable, ayant une éponge à la place du cœur, avait pour locataire depuis vingt ans un marchand de nouveautés. Celui-ci tomba en déconfiture. Il offrit 25 pour 100, assurés par l'intervention d'un acquéreur. Le propriétaire était immédiatement soldé de ce qui lui était dû. Il s'agissait simplement de transporter sur la tête du nouveau venu ce qui restait du bail à courir, quatre ou cinq années. Mais ce bail renfermait la clause sacramentelle que ce serait avec l'assentiment du propriétaire. Celui-ci refusa formellement son consentement; usant de tous ses droits, il fit vendre les marchandises à vil prix, se paya de l'arriéré, et le reste répondit de l'avenir, si bien qu'au lieu de 25 pour 100, les créanciers n'eurent pas un centime.

C'est donc en présence des lenteurs de notre législation, en présence des faillites en perspective, en présence surtout de la réprobation qui se rattache à cette condition, que j'ai cru qu'il était du devoir d'un honnête homme d'émettre une idée réalisable, simple, possible, et dictée par la plus entière conviction.

Des hommes d'intelligence et de cœur, tels que MM. Lebobbe et Bertrand, ont constaté l'insuffisance de l'organisation syndicale en matière de faillite; ils ont signalé le vice de soumettre à l'appréciation d'un seul syndic, à son travail, à son jugement, l'avenir d'un failli. Dans ce cas, c'est un syndic salarié qui remplit cette mission : il me semble superflu de discuter sérieusement tout ce qu'il y a de naïve confiance dans cette décision, de laisser à un homme seul, aussi capable qu'il puisse être, le soin de fouiller dans le passé, dans la conduite morale du failli; d'établir sa marche commerciale, et les causes de sa chute. Aussi actif qu'il puisse être, il procède toujours avec lenteur; les moyens qu'il emploie sont insuffisants pour l'examen des livres; il se contente de vérifier le grand-livre et le journal. Des comptabilités qui nécessiteraient le travail exclusif d'un teneur de livres expérimenté, sont brutalement compulsées. Souvent ces messieurs ont la faveur d'en conduire plusieurs de front; aussi le travail se termine-t-il par un rapport phraséologique, et tout est dit.

Je suppose ce syndic honnête homme et fort consciencieux, je le suppose capable et intègre, conditions ordinaires, j'aime à le croire et à le reconnaître. Il n'en reste pas moins chargé d'un lourd fardeau.

Le tribunal adopte assez généralement l'adjonction d'un second syndic intéressé, à titre de créancier dans la faillite. Ce second syndic exerce à regret, s'il est peu intéressé; s'il l'est sérieusement, malgré son désir de suivre avec soin les opérations, il est forcé par ses affaires personnelles d'y porter de la tiédeur. Quelquefois, son intérêt entrevoit dans le retour aux affaires du failli, la possibilité de regagner une partie de ses pertes; aussi négligence d'un côté, faiblesse et intérêt de l'autre, la faillite marche mal.

Dans la plupart des cas, c'est le syndic salarié qui dirige et conduit la marche; mais lorsque des conditions plus régulières lui adjoignent un homme ferme et éclairé, oh ! alors, son amour-propre s'irrite du partage d'autorité ; il voudrait être seul juge, toujours seul et constituer en droit ce qui ne doit être qu'un fait acci-dentel. Cette dernière prétention, admise trop souvent, est si vicieuse, que la haute raison de MM. les mem-bres du tribunal devrait en faire justice. Mais dans l'é-tat de la législation qui nous régit, que le failli soit sous le contrôle d'un syndic salarié, (circonstance mons-trueuse) ou de deux syndics, il n'en résulte pas moins des inconvénients contre lesquels se soulèvent le bon sens et la raison.

Je veux admettre que le travail de MM. les syndics ait été conduit avec tout le soin possible, que leur devoir ait été rempli avec scrupule et dévouement ; examinons la position des créanciers et celle de l'homme conduit dans cette alternative de recevoir de leur part un con-cordat palliatif à sa misère, ou d'être réduit à cet état décourageant qui le raie à tout jamais de la vie active. Voilà l'issue des deux conditions : libération absolue par le concordat ; asservissement absolu par le contrat d'u-nion. Il semble que deux résultats si opposés reçoivent dans leur appréciation un examen sérieux, approfondi. Pour trancher ainsi dans la vie future, tous les créanciers devraient être édifiés et parfaitement éclairés, car il s'agit d'une mission impartiale.

Comment agissent-ils ? presque toujours ils arrivent avec un parti pris d'avance ; sévères ou indulgents par intérêt plus que par raison.

Pour éviter le déplacement, en province, ils remettent leur pouvoir à un tiers. Ce tiers se trouve très souvent le concurrent direct du failli ; le faire succomber, c'est servir son intérêt propre ; or l'intérêt et le devoir sont choses distinctes. Nanti de vingt, trente pouvoirs, il fait autorité. Je mentionne à cet égard une maison de nouveautés de Lille. Le mandataire des créanciers parisiens, homme de bonne foi et ferme, était disposé au concordat. Il eut pour adversaires deux marchands de nouveautés de la même ville ; chargés des pouvoirs d'un grand nombre, ils firent la majorité opposante ; il leur sembla de bonne guerre de faire succomber un confrère ; cela eut lieu. Ce fait est aussi commun que coupable, il faut lui opposer un remède.

Le créancier accomplit-il son devoir, lorsqu'il veut être impitoyable ? A-t-il pris la peine d'assister aux séances ? A-t-il visité le syndic, recueilli quelques renseignements? Non, sans doute ; et, cependant, il s'agit de flétrir ou d'absoudre un citoyen, de l'enchaîner ou de lui rendre la liberté. Il résulte de l'indifférence ou de la colère une tiédeur qui absout, ou une irritation qui condamne.

Le rapport des syndics ne peut être net et ferme, car n'ayant pu approfondir l'affaire, le jugement à porter devient mou et sans signification. C'est donc de la part des syndics, insuffisance de moyens de contrôle, manque de temps, et de la part des créanciers, paresse, indifférence ou passion. Est-ce là cependant ce que le législateur a voulu? Non, mille fois non. Il a voulu purger la société d'un escroc, d'un être dangereux, d'un être quelquefois assez habile pour capter la confiance et en abuser. Nous savons aujourd'hui que le savoir-faire en matière de banqueroute constitue un talent réel. Il serait facile de citer certains cabinets où l'éducation sur ce point se fait de main de maître.

Le législateur a donc voulu frapper cette catégorie. Il a voulu aussi soustraire à la même pénalité l'homme de bonne foi tombé dans l'infortune. Il s'agit de les discerner l'un et l'autre. Eh bien! le fripon a neuf chances sur dix de triompher, tandis que l'honnête homme doit succomber forcément. Le premier fait jouer les ressorts de l'intrigue, des séductions, des promesses ; et, comme sa faillite a été prévue et arrêtée, qu'il a eu soin de s'entourer des lumières d'agents fort capables, fort habiles, il s'est précautionné avec la prudence la plus minutieuse; il a eu soin de refaire sa comptabilité ou de la soustraire ; tout cela, selon la méthode enseignée.

Le second, l'honnête homme, sera honteux, craintif, timide ; il voudrait cacher sa misère à tous les regards, il ne peut supporter le grand jour ; car la honte, pour un cœur loyal, a ses mystères et ses angoisses.

Irrité des soupçons qu'il prendra pour de l'injustice, il se fera bon nombre d'ennemis ; la pénalité la plus sévère pourra lui être appliquée. Or, n'est-ce point un malheur affreux, irréparable?

N'est-il pas juste, humain, de chercher la vérité, de la découvrir; frapper fort le coupable, et tendre la main à l'infortuné?

C'est pour atteindre ce but que je soumets la proposition suivante :

La création d'un comité d'honneur, qui serait composé par le tribunal de commerce, et choisi parmi d'anciens juges consulaires, des magistrats en retraite, des négociants en dehors de la vie active, d'anciens membres des conseils des prud'hommes. Il faudrait y comprendre le plus possible la diversité des industries, afin qu'on pût apprécier les difficultés de l'état du failli. Ce comité, en dehors de tout intérêt privé, serait parfaitement apte à porter un jugement. Il se composerait d'un nombre relatif à l'importance des villes ; ainsi, pour Paris, eu égard aux neuf cents à mille faillites qu'il y a chaque année, on pourrait nommer trois cents membres.

A chaque déclaration de faillite, et sans porter atteinte aux formes existantes, il serait désigné par le tribunal de commerce, en même temps qu'un syndic provisoire, trois membres du comité d'honneur. Ces messieurs auraient pour mission, d'une part : de surveiller et de diriger le travail du syndic, de hâter sa marche, afin d'éviter les lenteurs inhérentes à ses opérations : d'autre part, ils se livreraient à l'examen le plus attentif sur les antécédents du failli, sur sa conduite, sa vie privée, ses mœurs, ses dépenses ; en un mot, ils verraient l'homme réel avec ses qualités ou ses défauts, mais sans haine ni prévention ; puis, le jour où il s'agirait de statuer sur son sort, en présence des créanciers réunis, l'un de ces messieurs, et au nom des trois membres du comité d'honneur, prononcerait leur opinion motivée sur l'homme.

De quel poids immense serait leur avis ! ils rallieraient immédiatement l'approbation des créanciers, qui ne demandent pas mieux que d'être justes et équitables. Il sortirait donc de l'urne un arrêt sérieux, impartial et conforme à l'intention du législateur.

Par là, on éviterait ces monstrueuses transactions qui se font dans l'ombre, flétrissantes plus pour le créancier qui les impose, que pour le failli qui les accepte.

Ce moyen, on le voit, ne porte nulle atteinte au droit des créanciers, qui restent, en définitive, matériellement, maîtres de refuser ou d'accorder leur voix au concordat ; mais c'est précisément par cette raison que l'arrêt qui sortira de leur jugement aura une immense valeur morale (1).

Je fais appel aux négociants qui liront cet exposé :

(1) Ce comité, s'il était institué, ne pourrait-il pas exercer son action sur les maisons qui sont simplement en état de suspension de paiement, et apprécier, après examen, s'il y a lieu ou non à la déclaration de faillite ?

N'est-il pas vrai que, dans la presque totalité des faillites, nous ne sommes pas suffisamment éclairés? Nous redoutons d'être sévères ou d'être la dupe de nos bons instincts ; nous cédons quelquefois au cœur, plus souvent à l'exemple, jamais à la conviction.

Voilà pourquoi nous devrons avec reconnaissance nous en rapporter aux lumières et à l'opinion exprimée par les hommes honorables qui auront étudié la moralité du failli et les causes de son désastre.

Nous empêcherons, par notre rigueur, notre justice, le spéculateur de faire de nouvelles dupes en le frappant d'un stigmate honteux, le refus de son concordat. Mais nous userons d'une entière indulgence en faveur de l'infortuné. A celui-là, il est du devoir chrétien de lui tendre une main amie, une main fraternelle.

Rehaussé à ses propres yeux par la distinction faite d'avec les fripons, il pourra rentrer dans la vie du travail sans être confondu dans la réprobation commune. Cet homme sera jaloux de justifier la bonne opinion émise sur son passé. C'est par l'estime publique qu'on ennoblit les sentiments.

Il se trouvera, je n'en doute point, un certain empressement à la composition du comité d'honneur. Beaucoup de citoyens retirés des affaires ont pu apprécier les difficultés et les mécomptes de leur vie ; ils seront heureux de prêter leur appui à un examen essentiellement moral. Ils sauront faire la part des circonstances bien plus fortes que la sagesse. Qui n'a pas éprouvé que le bonheur en industrie n'est pas toujours un mot vide de sens ?

Par ces motifs, je dirai donc aux commerçants heureux aujourd'hui, frères, ne soyez pas indifférents sur cette question, car demain, peut-être, elle agitera puissamment ce que vous avez au fond du cœur de plus puissant, votre honneur mis en question, et qu'il faudra défendre.

Recevez, citoyen Président, l'hommage de mes sentiments respectueux

JULES LABEUNIE.